Persönlichkeitsentwicklung Selbstfindung

Wachsen mit Selbstverwirklichung

Selbstliebe, Selbstvertrauen & Selbstwertgefühl steigern, stärken & aufbauen

Lernen Selbstzweifel abzulegen

Ratgeber Buch

Inhaltsverzeichnis

Selbstfindung der richtige Weg zu mehr Selbstvertrauen, Selbstverwirklichung und Glück

Das Leben ist ein enges Geflecht an Verkettungen. Es gibt einmal die Erwartungen anderer. Die andere Seite der Medaille ist die eigene Individualität. Es ist ein wahrer Balanceakt auf einem schmalen Grat wandern, der sich zwischen Abgrenzung und Anpassung befindet.

Immer wieder kommen Menschen an den Punkt, wo sie sich die Frage stellen: „Wer bin ich eigentlich?" und „Was will ich wirklich?". Mit diesen beiden Fragen treten sie eine Grundsatzdiskussion mit sich selbst los. Das passiert ganz automatisch, wenn sie mit dem bisherigen Leben nicht mehr zufrieden sind und nicht mehr konform gehen.

Sie wägen die Konformität und die Anpassung gegen Individualität und Abgrenzung auf und überlegen sich Schritte, wie sie alle diese Dinge unter einen Hut bringen können. Schnell stellen sie fest, dass alles zusammen nicht funktionieren kann, weil es dafür keine Lösung gibt.

Indem sie sich aber weitere Gedanken machen, beschreiten sie einen ganz besonderen Weg, um Ihr Leben nach den eigenen Wünschen zu gestalten. Sie gehen auf die Suche, erreichen damit, sich selbst zu entdecken und finden nach und nach die Antworten auf die Fragen wer sie sind und was sie wollen.

Bei der Selbstfindung stehen sie vor einem großen Dilemma.

Wer autonom und authentisch sein möchte, unangepasst und geistig unabhängig, wird automatisch anders als die Anderen und sticht aus der Masse hervor.

Selbstfindung ist eigentlich keine Zielsetzung, sondern ein fortwährender Prozess, der dazu führt, dass Sie sich weiterentwickeln und über sich hinauswachsen.

Sie erlangen mehr Selbstbewusstsein, Selbstvertrauen, mentale Stärke, kennen Ihren Stellenwert und lernen das Leben auf eine ganze neue Art und Weise kennen.

Selbstfindung geht nicht von heute auf morgen. Auf Ihrem Weg dorthin begegnen Sie vielen Widrigkeiten und auch Ablehnung, weil andere Menschen mit Ihrer neuen Persönlichkeit nichts mehr anfangen können.

Doch genau diese Menschen sind es, die Sie in eine bestimmte Schublade stecken und Ihre Individualität als Bedrohung sehen.

Sie wollen sich selbst finden, wissen was Sie wirklich wollen, sich selbst verwirklichen, selbstbestimmt sein und sich entfalten? Dann ist es an der Zeit mit der Selbstfindung zu starten! Worauf warten Sie noch?

Definition Selbstfindung

Selbstfindung ist keine moderne Erscheinung des heutigen Lifestyles und bezieht sich nicht nur auf die Arbeitswelt, in der das Streben nach Selbstverwirklichung, Selbstbestimmung und Selbstentfaltung ganz groß geschrieben wird.

Bereits in der Entwicklungspsychologie hat der Begriff eine vielsagende Bedeutung. Schon in der Pubertät beginnt dieser Prozess.

Dabei werden von den jungen Menschen Ziele und Eigenheiten definiert, mit denen sich von der Gesellschaft und deren Einflüssen abgegrenzt wird.

Im Umkehrschluss bedeutet dieses nichts anderes, als dass dieser Prozess von jedem einzelnen aktiv betrieben wird, um voranzukommen. Dabei werden unveränderbare, fixierte Zustände entdeckt.

Selbstfindung ist aber auch gleichzeitig Selbstgestaltung, die eine maßgebliche Veränderung herbeiführt, viele unterschiedliche Lebensbereiche berührt und damit auch beeinflusst.

Mit der Selbstfindung ergibt sich eine Sinnfindung, wo Sie Wünsche und Lebensziele klar formulieren. Sie betreffen den Partner, Freunde, Freizeit, Hobbys, Ihr Zuhause, Beruf und Ausbildung sowie Gesundheit und Ernährung.

Zusammen ergeben alle diese Dinge die Persönlichkeitsentwicklung und die Selbstverwirklichung.

Der Selbstfindungsprozess hat zudem gigantische Nebenwirkungen, die sich sehr positiv darstellen:

1. Wenn Sie sich kennen, haben Sie das Wissen um Ihre individuellen Stärken!

Indem Sie Ihre eigene Identität suchen, formulieren Sie für sich selbst individuelle Ziele, die zu eigener Stärke führen. Wenn Sie sich also intensiv mit Selbstfindung beschäftigen, entdecken Sie Talente und Fähigkeiten, denen Sie sich gar nicht bewusst waren. Diese Talente und Fähigkeiten sind verantwortlich für ein selbstbewussteres Auftreten.

2. Wenn Sie sich kennen, sind Sie in der Lage eine eigene Haltung zu entwickeln!

Sie begeben sich auf den Weg und suchen die Auseinandersetzung mit Ihren Werten. Damit erreichen Sie eine klare Haltung, die Ihre Persönlichkeit, Ihr individuelles Profil ausmacht. Sie schwimmen nicht mehr mit allen anderen in einem trüben Teich, sondern heben sich von der Masse ab – sowohl im Job, wie auch privat.

3. Wenn Sie sich kennen, steht dem Weg zum Glück nichts mehr im Wege!

Glück ist nicht nur individuell, sondern auch von vielen, unterschiedlichen Faktoren abhängig, die sich sehr unterschiedlich gestalten. Glücklich sein ist daher sehr eng mit Ihren Bedürfnissen verknüpft.

Diesen sind Sie sich aber nur bewusst, wenn Sie sich selber kennen. Mit Selbstfindung schaffen Sie die beste Voraussetzung, um Ihr persönliches Glück zu finden.

Wege finden und Barrieren überwinden

Der Prozess der Selbstfindung lässt sich auf unterschiedliche Weise einleiten, um Veränderungen herbeizuführen. Auf der einen Seite gibt es dafür die harte Methode und auf der anderen Seite den weichen Weg.

Wenn Sie die harte Methode wählen, kündigen Sie mit sofortiger Wirkung Ihren Job, trennen sich von Ihrem Partner, kündigen die Wohnung und buchen den nächsten Flug, der Sie ans andere Ende der Welt bringt.

Genauso könnte die harte Methode aussehen! Aber jetzt einmal im Ernst: So krass müssen Sie nicht unbedingt vorgehen!

Die Grundregel lautet vielmehr: Machen Sie einen großen Schritt nach vorne, trotz aller Ängste, die damit verbunden sind!

Wie weit Sie gehen wollen oder können, müssen Sie selbst entscheiden. Es gibt Situationen, da kommen Sie um die Brechstangen nicht herum, gerade wenn es um alte Verhaltensmuster geht, die Sie verändern möchten.

Ein guter Ansatz ist eine Reise, die Sie alleine durchführen. Sie machen dabei komplett neue Erfahrungen und erhalten eine neue Sichtweise auf viele Dinge. Vielleicht kann auch ein Wohnort- oder Jobwechsel den Anstoß für die Selbstfindung geben.

Wenn Sie sich mit der harten Methode nicht anfreunden können, gibt es auch einen weichen Weg. Das Grundgerüst wie Beziehung, Job und Freunde bleibt erhalten.

Es wird lediglich Zeit dafür eingeräumt, um sich von alten Verhaltensmustern zu trennen.

Dabei lösen Sie sich davon und finden neue Wege, finden Ihre eigenen Bedürfnisse heraus und beginnen, diese auszuleben. Es sind Ihre eigenen Wünsche und Träume und nicht die Ihres Partners, des Chefs oder der Freunde. Genau dieser Schritt ist einer der schwierigsten, weil Sie immer wieder auf Ablehnung stoßen werden. Sie sind nicht mehr die Person von früher, sondern haben sich weiterentwickelt.

Nicht die anderen, Sie selbst sind die Triebfeder für neue Erfahrungen und neue Einblicke ins Leben. Nehmen Sie sich die Zeit, nach dem Feierabend, am Wochenende oder im Urlaub, um neue Erfahrungen zu machen.

In solchen Situationen legen Sie ein anderes Verhalten an den Tag, welches Sie zu anderen Ergebnissen führt.

Funktioniert Selbstfindung trotz Erwartungen aus der Gesellschaft?

Der Prozess der Selbstfindung umfasst das Lokalisieren von eigenen Berufs- und Lebenszielen, die als Gesamtpaket zu sehen sind.

Sie stehen in enger Verbindung mit den Big Five, den Persönlichkeitsmerkmalen (Offenheit, Gewissenhaftigkeit, Extraversion, Verträglichkeit, Neurotizismus). Die Kombination ist die Basis bzw. der Dünger für Fortschritt und Innovation.

Dahinter steckt nichts anderes als die Relevanz von Berufung, Mission, Passion und Profession. Im Job stellt sich dieses folgendermaßen dar:

- Sie lieben das, was Sie tun
- Sie sind darin großartig
- Ihre Arbeit wird von der Welt gebraucht
- Sie bekommen Geld dafür

Begeben Sie sich allerdings auf Wege, die fernab der immer genutzten Pfade liegen, werden schnell Widerstand und Vorbehalte laut sowie Grenzen deutlich sichtbar. Es wird zwar von Ihnen erwartet, dass Sie ganz Sie selbst sind. „ABER!" nur, wenn es dem akzeptieren Rahmen der gesellschaftlichen Grundlagen entspricht.

Eigentlich bedeutet es nichts anderes, dass Sie Ecken haben dürfen.

Bei Kanten sieht das Ganze schon wieder anders aus. Selbstfindung funktioniert nicht, wenn Sie kuschen, nicht widersprechen, nicht rebellieren und nicht eine andere Meinung haben dürfen.

Schnell passiert es, dass Sie im Selbstfindungsprozess an sich selbst vorbeilaufen, ohne es zu bemerken. Nur mit dem Filtern von externen Einflüssen und Erwartungen sind Sie in der Lage, Ihre eigene Identität und Wünsche zu erkennen und erfolgreich zu sein.

Um sich selbst zu finden sind folgende Fragen sehr hilfreich:

- Ist die Person, die Ihren Weg infrage stellt, wirklich wichtig in Ihrem Leben?
- Wie sehen die Ansichten des Umfelds aus, die sich hinter den Ratschlägen verstecken?
- Haben die Ziele der anderen Person Relevanz für Sie?
- Ist der Weg des anderen deckungsgleich mit Ihren Werten?
- Wollen Sie so sein wie diese Person oder ist es Ihr Ziel so zu werden?
- Verbreitet der Gedanke ein gutes Gefühl in Ihnen?
- Sind Sie damit glücklich?

Letztendlich geht es bei Selbstfindung um Wachstum! Wenn Sie das Wort jetzt in seine einzelnen Buchstaben zerlegen, gibt es 8 neue

Begriffe, die Sie auf dem Weg zur Selbstfindung begleiten.

W = Wahrnehmung

A = Anforderung

C = Courage

H = Historie

S = Strategie

T = Targets (Ziele)

U = Umsetzung

M = Motivation

Seien Sie ehrlich! Haben Sie auch eine Gänsehaut?

Selbstfindung - in 6 Schritten die richtige Orientierung finden

Durch die gesellschaftlichen Einflüsse ist es nicht immer einfach, sich selbst zu finden. Großen Einfluss darauf hat auch die Informationsflut, mit der Sie tagtäglich konfrontiert werden. Damit Ihnen der Weg zu sich selbst nicht so schwerfällt, können Sie folgende Tipps nutzen:

1. Ihr bester Maßstab sind Sie selbst!

Sie kennen das Gefühl, sich mit anderen vergleichen und an ihnen messen zu müssen. Allerdings sind solche Gefühle und die damit verbundenen Verhaltensweise eher kontraproduktiv und für die Selbstfindung nicht von Vorteil. Es ist nebensächlich, was andere über Sie denken und welche Bewertung sie über Ihr Verhalten abgeben. Einmal genauer betrachtet, ist die Denkweise und Bewertung nur eine Art Feedback bzw. ein Echo, das sich auf Sie selbst bezieht.

Wenn Sie wirklich den Schritt machen möchten, um sich besser kennenzulernen und Ihre Identität festigen wollen, ist eines wichtig. Machen Sie sich Ihr eigenes Bild von sich selbst nicht daran fest, was andere machen und wie sie sich verhalten.

Dadurch entsteht ein Zerrbild, das in keiner Relation zu Ihnen selbst steht. Selbstfindung bedeutet Loslassen. Damit sind nicht nur vermeintliche Standards gemeint, sondern auch der allgemein gültige Mainstream, auf dessen Welle jeder meint, mit schwimmen zu müssen.

Der Fokus liegt einzig und alleine auf Ihnen selbst. Ein entscheidender Maßstab sind dabei Ihre eigenen Bedürfnisse und Werte.

2. Keine Angst haben vor sich selbst!

Angst geht vielfach mit Selbstfindung einher, da Sie nicht einschätzen können, welche möglichen Konsequenzen Sie zu erwarten haben. Diese Ängste stellen sich sehr vielschichtig dar.

Sie haben Angst davor, Ihr Gesicht zu verlieren, finanziell schlechter dazustehen oder gravierende Veränderungen überwinden zu müssen. Das mag im ersten Moment ein guter Grund sein, um das Vorhaben der Selbstfindung beiseite zu schieben.

Doch gibt es immer Widrigkeiten, die Ihnen Angst machen und zum Schluss ein besseres

Leben, Glück, Zufriedenheit bereitstellen und gar nicht so schlimm sind, wie zuerst vermutet.

Zitat: „Stellen Sie sich den Worst-Case nicht nur vor, sondern erzeugen Sie ihn kontrolliert. Die meisten Menschen stellen dabei fest, dass er so schlimm gar nicht war." Tim Ferriss (Bestseller-Autor)

3. Probieren Sie neue Dinge aus!

Es ist sehr bequem und angenehm in Ihrer Komfortzone, die Sie eigentlich gar nicht verlassen möchten. Sie ist allerdings ein Bereich in Ihrem Leben, die der Selbstfindung massiv im Wege steht, weil Sie sich nur innerhalb Ihrer selbst gesteckten Grenzen bewegen und nicht über den Tellerrand hinausschauen.

In diesem kleinen, gemütlichen Umfeld erfahren Sie aber meist nicht, was wirklich in Ihnen steckt und was Sie wirklich wollen.

Testen Sie Ihre Grenzen aus und schauen Sie, wie weit Sie gehen wollen. Dafür brauchen Sie nicht gleich alle Zelte abzubrechen, in den Amazonas auszuwandern und sich in wilde Abenteuer zu stürzen.

Der Alltag bietet viele Möglichkeiten, die Komfortzone zu verlassen und neue Erfahrungen zu sammeln. Sie sind der Auslöser, der Ihnen neue Facetten an Ihnen zeigt und Sie über sich hinauswachsen lässt.

4. Beziehungen aufbauen, um sich selbst zu finden!

Durch neue Beziehungen und Gesprächspartner erfahren Sie eine ganze Menge mehr über sich selbst und können diese Informationen zum

Lernen nutzen. Diese Beziehungen sollten nicht darauf aufbauen, dass Sie versuchen sympathisch zu erscheinen oder sich anzupassen.

Durch die Prioritäten der neuen Gesprächspartner, deren Ziele und Lebensentwürfe, bekommen Sie genug Material an die Hand für eine Reflexion, die sich positiv wie negativ gestalten kann.

Sie sind eine gute Grundlage, an denen Sie Ihre eigenen Maßstäbe messen können.

Es ergibt sich ein Hinterfragen oder Abgrenzen, weil Sie die eigenen Werte und Bedürfnisse auf den Prüfstand stellen.

Grundsätzlich helfen Ihnen diese Menschen dabei, Ihre Bereitschaft zur Selbstfindung zu stabilisieren und zu festigen.

5. Lernen Sie Gelassenheit!

Stress, Ohnmacht, Wut, Emotionen und die damit einhergehende Handlungsunfähigkeit lassen sich durch Gelassenheit sehr gut in den Griff bekommen.

Es gibt immer wieder Situationen, in denen Sie sich betrogen, ausgenutzt und belogen fühlen, sodass nicht mehr viel fehlt, bis Sie die Kontrolle über sich selbst verlieren.

Mit Gelassenheit finden Sie wieder den Weg zu sich selbst und rücken sich selbst wieder etwas näher. Gehen Sie mit Gelassenheit auf solche Situationen zu.

Sie ermöglicht Ihnen bessere Entscheidungen und ist ein guter Schritt in die richtige Richtung, wenn Sie sich selbst finden wollen. Ihr Verstand bleibt immer Herr der Lage und verhindert emotionale Ausbrüche, ganz gleich, wie schlimm sich die Situation gerade darstellt.

6. Verbannen Sie alle Masken aus Ihrem Leben!

Sich hinter einer Maske verstecken, gestaltet sich sehr einfach. Daher ist dieser Schritt der Schwerste und kostet eine ganze Menge Überwindung.

Haben Sie im Selbstfindungsprozess das Stadium erreicht, wo Sie wissen, wer Sie sind und was Sie wollen, gehört das Spielen einer bestimmten Rolle der Vergangenheit an, nur um anderen zu gefallen. Diese Rolle stellt nicht dar, wer Sie wirklich sind!

Persönlichkeit stammt zwar von dem lateinischen Wort „personaab" ab, was übersetzt Theater-Maske bedeutet.

Doch hat Persönlichkeit, die sich bei der Selbstfindung herauskristallisiert, nicht zwangsläufig etwas mit Selbstdarstellung gemeinsam. Jedes Mal, wenn Sie Ihre Individualität zur Schau stellen, müssen Sie nicht gleich anderen Menschen vor den Kopf stoßen.

Jeder Mensch auf dieser Welt hat seine Bühne, wo er als Darsteller auftritt. Seien Sie bei Ihrem Auftritt selbstbewusst, ohne eine Maske zu tragen, die Sie in eine bestimmte Rolle drängt. Selbstfindung bedeutet, sich dessen bewusst zu werden, wer Sie sind und dieses Selbstbild darzustellen.

Selbstfindung: Die enge Verbindung zur Selbstverwirklichung

Auf dem spannenden Weg zur Selbstfindung stoßen Sie immer wieder auf Dinge, die Sie gerne tun würden.

Selbstfindung ist engmaschig mit Selbstverwirklichung verstrickt. Jeder Mensch, der danach strebt, etwas in seinem Leben zu verändern und dabei authentisch zu sein, geht auf die abenteuerliche Reise, um sich ganz seinen Wünschen, Träumen und Bedürfnissen hinzugeben und sich auf die Erfüllung zu konzentrieren.

Genauso wie bei der Selbstfindung stoßen Sie bei der Selbstverwirklichung, die ein Resultat der Selbstfindung ist, auf Widerstand.

Die Realität holt Sie auf Ihrem Weg mit Verpflichtungen, äußeren Einflüssen und Erwartungen ein. Diese Widerstände bremsen Sie aus und es macht sich Unsicherheit breit. Um sich selbst treu zu bleiben, sollten Sie alle Bedenken beiseiteschieben.

Denn Selbstfindung und die damit einhergehende Selbstverwirklichung hat nichts mit Egoismus zu tun. Vielmehr ist es Eigenverantwortung, um Ihren ganz persönlichen Weg zu gehen. Es gibt 4 gute Gründe, warum Selbstverwirklichung so wichtig ist.

Der Ausgangspunkt für Selbstfindung und Selbstverwirklichung ist immer der gleiche. Denn Sie stellen sich die Frage, ob Sie mit Ihrem jetzigen Leben zufrieden sind.

Es gibt kaum Menschen, die diese Frage mit einem klaren „ja" beantworten können.

Für die Unzufriedenheit ist auch schnell ein Schuldiger gefunden. Es sind die Umstände oder die anderen, denen die Schuld zugewiesen wird.

Um etwas zu verändern, wird sich auf das Abenteuer Selbstverwirklichung eingelassen. Dabei begegnen die Reisenden unterschiedlichen Merkmalen, die Selbstverwirklichung ausmachen:

- Selbstfindung
- Authentizität
- Achtsamkeit
- Flow

Selbstverwirklichung wird leider häufig als wertiger Begriff verwendet. Jeder soll sich doch bitteschön selbst verwirklichen, ob im Beruf oder im privaten Bereich. Grundsätzlich ist daran nichts falsch zu verstehen, weil es letztendlich nichts anderes bedeutet, als ein

Leben zu führen, wie man es will. Dabei gibt es keine äußeren Einflüsse oder Zwänge.

Auch wenn der Begriff durch die Definition einen positiven Stellenwert hat, erfüllt die Selbstverwirklichung keinen Selbstzweck. Eine entscheidende Rolle spielt dabei viel mehr die eigene Identität, die jede Person in sich trägt. Sie beruht auf den Fragen:

- Wer bin ich?
- Was ist in meinem Leben wichtig?
- Wer will ich sein?
- Wie soll mein Leben aussehen?
- Was will ich bewirken?

Diese essentiellen Fragen begegnen Ihnen schon bei der Selbstfindung und sind bei der Selbstverwirklichung genauso wichtig. Sie führen dazu, dass Sie ein erfülltes Leben führen und glücklich sind.

Um sich selbst zu verwirklichen, sollten Sie Ihre Motive lokalisieren und die dabei auftauchenden Fragen mit „Warum"-Antworten beschreiben. Für Selbstverwirklichung gibt es viele gute Gründe.

1. Sie lernen sich selbst besser kennen!
Auf der Suche nach Ihrer eigenen Identität begegnen Sie Ihren individuellen Zielen und lernen Ihre Stärken kennen.

Auf dem Weg zur Selbstfindung und Selbstverwirklichung befassen Sie sich sehr intensiv mit sich selbst.

Dabei werden Ihnen Ihre Wünsche, Talente und Fähigkeiten bewusst gemacht, die Ihnen letztendlich mehr Selbstbewusstsein und Stärke geben.

2. Sie empfinden Glück!
Auch wenn Glück von unterschiedlichen persönlichen Faktoren abhängig ist, bedeutet ein Glücksempfinden, dass Sie sich selber wertschätzen und Ihre Bedürfnisse ernst nehmen.

Sie haben durch den Prozess der Selbstverwirklichung Ihre ganz eigene Grundlage für Ihr Glück geschaffen, weil Sie Ihr Leben so gestalten, wie Sie es für richtig halten, ohne sich von fremden Einflüssen und Erwartungen beschneiden zu lassen.

Denn nur Ihre Entscheidungen fallen ins Gewicht und danach leben Sie.

3. Ihre Ziele erreichen Sie!
Das Erreichen von Zielen gelingt auch ohne Selbstverwirklichung. Ob es aber wirklich Ihre eigenen Ziele sind, steht auf einem ganz anderen Blatt. Vielfach sind es Erwartungshaltungen von anderen, die Sie zu Ihrem eigenen Ziel machen.

Nicht selten wird dem Mainstream gefolgt und beispielsweise eine bestimmte Ausbildung gemacht, weil das Umfeld dieses erwartet.

Doch ist das wirklich Ihr eigenes Ziel, was sie verfolgen möchten?
Ein selbstbestimmtes Leben gelingt Ihnen nur, wenn Sie die Ziele überprüfen und mit Ihrem vollen Bewusstsein dahinter stehen, weil es Ihr eigenes Ziel ist.

Zitat: „Wer zu sich selbst finden will, darf andere nicht nach dem Weg fragen." Paul Watzlawick

4. Sie erstellen Ihr eigenes Profil!
Bei der Selbstfindung und Selbstverwirklichung kommen Sie nicht darum herum, sich mit den eigenen Werten auseinanderzusetzen. Diese Analyse führt dazu, dass Sie eine klare, eindeutige Haltung beziehen und ein individuelles Profil erarbeiten, das Ihrer Persönlichkeit entspricht. Damit erreichen Sie, dass Sie sich von der Masse abheben.

Maslow hat in seiner Bedürfnispyramide die aufeinander aufbauenden Bedürfnisse dargestellt, die nacheinander befriedigt werden müssen, um zum guten Schluss Selbstverwirklichung zu erreichen.

Die Basis der Bedürfnispyramide nach Maslow sind die Grundbedürfnisse wie körperliches Wohlbefinden, Essen, Trinken, Schlafen, Sex usw., gefolgt von Sicherheit wie Arbeit, Einkommen und Wohnen auf der zweiten Stufe. An dritter Stelle stehen soziale Bedürfnisse wie Partnerschaft, Liebe und Freundschaften. Diese drei Ebenen werden auch als Defizitbedürfnisse bezeichnet. Auf der vierten Ebene sind die Individualbedürfnisse wie Anerkennung und Geltung zu finden.

Die Spitze der Pyramide ist die Selbstverwirklichung. Individualbedürfnisse und Selbstverwirklichung werden auch als Wachstumsbedürfnisse bezeichnet.

Maslow beschreibt Selbstverwirklichung als das Erkennen und Ausschöpfen der Potenziale, die in einem Menschen stecken. Allerdings ist er auch davon ausgegangen, dass die Wachstumsbedürfnisse niemals komplett gestillt werden können, wozu auch die Selbstverwirklichung gehört.
Daher ist Selbstverwirklichung ein immer fortwährender Prozess, der niemals aufhört und ständig für Veränderung sorgt.

Selbstverwirklichung - ein steiniger langer Weg

Immer wieder ist festzustellen, dass Menschen etwas verändern wollen, um sich selbst zu finden und zu verwirklichen.

Denn diese erstrebenswerten Ziele verhelfen zu mehr Persönlichkeit, Glück und Lebensfreude. Viele scheitern aber bei der Umsetzung, sodass Selbstfindung und Selbstverwirklichung nur ein Traum oder Wunschdenken bleibt. Es gibt unterschiedliche Gründe, warum Menschen die Umsetzung nicht schaffen:

- Auf dem Weg, sich selbst zu finden und zu verwirklichen, gibt es genügend Hindernisse und Fallstricke, die am Wegesrand auf Sie warten. Um sich selbst zu verwirklichen, wird

Durchhaltevermögen und Biss benötigt, der einen wichtigen Faktor für den Erfolg darstellt. Nicht jeder Mensch ist damit ausgestattet. Es bedeutet eine große Kraftanstrengung immer Willensstärke zu zeigen und sich vor Augen zu führen, warum Sie das wollen und was Sie im Innersten dazu antreibt.

- Bei Selbstverwirklichung wird mit zweierlei Maß gemessen. Einerseits wird sie als gut betrachtet, andererseits als störend empfunden. Wenn Sie einem Menschen begegnen, der sich selbst verwirklichen möchte, wird diese Person als egoistisch, rücksichtslos und eigensinnig empfunden. Dieses lassen Sie den anderen garantiert auch spüren, sodass er sich den gesellschaftlichen Erwartungen und der Konformität wieder beugt, um nicht aus der Rolle zu fallen oder anzuecken.

- Ein wichtiger Grund, warum Selbstverwirklichung nicht funktioniert, ist die eigene Einstellung. Von Kindesbeinen an wurde Ihnen beigebracht, dass Sie sich Ihrer Umwelt anpassen müssen. Über viele Jahre hinweg erfolgt eine Konditionierung, die mit Verboten und Einschränkungen gespickt ist. Die dadurch entstandene Einstellung verhindert auf geschickte Weise die Identifizierung der eigenen Bedürfnisse, drängt sie in den Hintergrund, sodass eine Durchsetzung verhindert wird.

Selbstwertgefühl, ein wichtiger Faktor für Selbstfindung und Selbstverwirklichung

Indem Sie den Weg der Selbstfindung beschreiten, lernen Sie sich selbst besser kennen und entwickeln Selbstwert, der Ihnen zu einer selbstbewussten Ausstrahlung verhilft. Dafür braucht es aber eine bestimmte Einstellung zu sich selbst.

Zitat: „Von allen Urteilen, zu denen wir im Leben kommen, ist keines so wichtig, wie das, das wir über uns selbst fällen." Gerlinde Unverzagt

Es ist also nicht verwunderlich, dass das Urteil im Bezug auf die eigene Person so großen Einfluss auf den Erfolg im Leben (privat und im

Job) hat, ob Sie eine glückliche Beziehung führen oder wie Sie mit Herausforderungen umgehen.

Das Selbstwertgefühl ist dabei der innere Schutzschild, das mit der eigenen Überzeugung, im Bezug auf die Chancen untrennbar verbunden ist.

Menschen, die ein ausgeprägtes Selbstwertgefühl besitzen, haben die Überzeugung, dass sie Einfluss auf ihre Umwelt nehmen können.

Aus diesem Glauben heraus entwickeln Sie Kraft und Stärke, die ihnen dabei helfen, Herausforderungen und Schwierigkeiten die Stirn zu bieten.

Selbstwertgefühl ist sehr eng mit Anerkennung verstrickt, da sich jeder Mensch für seine Leistungen Wertschätzung wünscht.

Schon in frühester Kindheit werden Sie darauf konditioniert. Daher begründet sich ein schwaches Selbstwertgefühl auf kindlichen Bedürfnissen, die nicht befriedigt wurden.

Eltern spielen eine tragende Rolle in der Entwicklung von einem gesunden Selbstwertgefühl, da sie dem Kind von klein auf zeigen, dass es ein wertvoller Mensch ist. Damit entwickelt sich innere Stärke und ein Gefühl von Sicherheit.

Genauso wichtig ist der Umgang zwischen Eltern und Kind, der respektvoll sein sollte. Fehlt es an Respekt oder wurde das Kind bloßgestellt und verspottet, wird es kein gutes Selbstwertgefühl entwickeln.

Vielmehr entsteht bei ihnen die feste Überzeugung, dass sie nichts richtig machen. Das Gefühl bleibt bis ins Erwachsenenalter erhalten.

Berufliche Selbstverwirklichung ist der falsche Weg zur Selbstfindung

Das Haus, das Auto, der Job und Luxus sind Werte, über die sich eine Vielzahl von Menschen definieren. Sie sind Dinge, an denen sie ihren Status in der Gesellschaft festmachen.

Auch wenn jedem frei steht, über welche Dinge er sich definiert, sollte niemals vergessen werden, dass Situationen dieses Bild zerstören können und damit das Selbstwertgefühl erheblichen Schaden nimmt.

Eine Krise im Job oder der Jobverlust wird zur Persönlichkeitskrise, zum Imageverlust und zur gesellschaftlichen Blamage.

Sie erleben Seitenhiebe und Demütigungen, wenn Sie beispielsweise bei einem gesellschaftlichen Anlass nach Ihrem Job gefragt werden und nur mit einem Achselzucken antworten können. Stetiges Wachstum, jahrelanger Erfolg und der damit einhergehende Reichtum machen zwar glücklich, bergen aber auch große Gefahren, weil sich dadurch übersteigerte Erwartungen ergeben.

Es wird schnell in den Glauben verfallen, dass Erfolg, Anerkennung und Geld selbstverständlich ist und immer so weiter fließt.

Die Tücke liegt im Detail, weil Sie die Ergebnisse nicht mehr als Belohnung Ihrer Bemühungen sehen. Sie erheben den Anspruch darauf, dass sich nichts ändert und der momentane Standard immer auf gleichem Niveau bleibt.

Wer den Beruf für die Selbstverwirklichung nutzt, macht ihn immer mehr zum Maß der Selbstbestätigung und verirrt sich auf den falschen Weg, der zur Sinnkrise führt, wenn unvorhersehbare Eventualitäten eintreten.

Kein Job → keine Selbstverwirklichung → kein Selbstwert

Es entstehen Selbstzweifel, die wie ein Damoklesschwert über Ihnen schwebt und Sie innerlich zerfrisst. Die innere Stimme wird zum größten Kritiker, der Sie rücksichtslos für schlechte Leistungen tadelt.

Durch das geringe Selbstwertgefühl wiegen Fehler und Schwächen deutlich schwerer. Es fällt Ihnen schwer, glückliche Momente zu genießen und Komplimente anzunehmen.

Wenn Sie im Mittelpunkt stehen, fühlen Sie sich unwohl und möchten sich am liebsten verkriechen, weil Sie die Erwartungshaltung haben, dass Ihre Umwelt Sie ablehnt. Ruft ein Freund beispielsweise nicht zurück, stellen sich bei Ihnen Gedanken ein, dass Sie etwas falsch gemacht haben.

Mit einem geringen Selbstbewusstsein gehen Sie immer auf die Suche nach Beweisen, die das mangelhafte Urteil über Sie selbst stützt.

Vielfach fehlt Menschen mit mangelndem Selbstwertgefühl auch die Erfahrung, wo sie selbst erfolgreich waren.

Sie haben keine Momente erlebt, die Ihnen gezeigt haben, dass sie eine Situation meistern können.

Saboteure des Selbstwertgefühls sind folgende Glaubenssätze:

- Ich bin nicht klug, gut und schön genug!
- Dafür bin ich schon zu alt!
- Ich habe es nicht verdient!
- Das ist zum Scheitern verurteilt!
- Ich bin chancenlos!
- Mich mag keiner!
- Meine Umstände machen mich zum Opfer!

Das Resultat eines mangelnden Selbstwertgefühls schränkt Sie ein, sodass Sie unter Ihren Möglichkeiten bleiben.

Sie sind in einem Teufelskreis gefangen, da Sie sich nicht trauen, zu neuen Zielen aufzubrechen. Damit erreichen Sie niemals Ihr Ziel. Es werden auch keine Schritte gemacht, die ungewohnt und neu sind.

Wer anderen nach außen hin Selbstsicherheit vorgaukelt, macht sich das Leben unnötig schwer, weil Sie damit Ihre Selbstzweifel kompensieren und Verteidigungsstrategien entwickeln, die Menschen in Ihrem Umfeld als unsympathisch und heuchlerisch erscheinen.

Nicht selten verbirgt sich dahinter die Angst vor Ablehnung. Der Wert, den Sie sich selber beimessen, ist maßgeblich vom Zuspruch aus dem Umfeld abhängig. Genau das ist kein gutes Fundament für ein gesundes Selbstwertgefühl.

Für Ihr Selbstwertgefühl sind Sie selbst verantwortlich. Er ist nur mit der eigenen Messlatte messbar. Das ist das auserkorene Ziel, dass Sie erreichen müssen. Einfacher gesagt, als getan!

Hilfestellungen, um Selbstzweifel entgegenzuwirken und Selbstwertgefühl zu steigern

Für die Selbstfindung ist es wichtig, Selbstzweifel abzulegen und Selbstwertgefühl zu stärken. Selbstwertgefühl gehört dabei zu den Dingen, die von Innen kommen.

Das hört sich vielleicht beim ersten Lesen wie Esoterik an, hat aber damit gar nichts zu tun. Schauen Sie sich große Persönlichkeiten wie Martin Luther King oder Steve Jobs an.

Sie haben den uneingeschränkten Glauben an sich selbst gehabt. Dieser wurde Ihnen nicht in die Wiege gelegt. Sie haben ihn in unzähligen Lektionen gelernt. Selbstwertgefühl entwickeln gestaltet sich nicht schwer und hilft Ihnen sich selbst zu finden. Dabei helfen folgende Tricks, die Sie anwenden können:

1. Ihre nicht perfekte Seite ist die beste Waffe gegen Ihren inneren Kritiker

Seien Sie sich bewusst darüber, dass auch die Dinge, die nicht perfekt sind, zu Ihnen gehören. Daher gilt es, diese genauso anzunehmen wie die perfekte Seite.

Indem Sie zu Ihren Schwächen stehen, entwickeln Sie Akzeptanz und nehmen sich so an, wie Sie sind. Ihr Outfit muss nicht bis ins kleinste Detail aufeinander abgestimmt sein. Warum machen Sie sich jeden Morgen diesen Stress, der schlechte Laune und ein ungutes Gefühl verbreitet?

Das perfekte Outfit ist nicht das Spiegelbild Ihres Selbstwertgefühls, sondern nur eine Verpackung!

2. Bringen Sie Licht und Agilität in Ihr Leben

Bewegen Sie sich und werden Sie aktiv! Über den Tellerrand hinauszuschauen sorgt für Aufbruchsstimmung, die Sie dazu veranlasst, neue Wege einzuschlagen.

Auf diesen neuen Pfaden entdecken Sie sich selbst und entwickeln Selbstliebe und Selbstwertgefühl. Während des Selbstfindungsprozess erleben Sie, dass viel mehr in Ihnen steckt, als Sie bisher angenommen haben. Sogar in den dunkelsten Ecken warten Dinge auf Sie, die für eine Veränderung der Blickrichtung sorgen und Sie in einem anderen Licht erscheinen lassen.

Führen Sie in einer Liste auf, welche Eigenschaften Sie als positiv und welche als negativ erachten. Sie erhalten dadurch interessante Aspekte, die Ihnen bei der

Selbstfindung, der Steigerung des Selbstwertgefühls und der damit verbundenen Selbstliebe in die Quere kommen.

3. Befreien Sie Ihre Gedanken

In der Beziehung zu sich selbst, stoßen Sie immer wieder auf Herausforderungen, die alles Infrage stellen. Schauen Sie einmal genauer hin und finden Sie heraus, welche die größte, im Bezug auf die Beziehung zu Ihnen selbst ist. Vielleicht sind Sie unzufrieden mit Ihrem Körper, weil Sie glauben, dass Sie nicht gut aussehen oder ein paar Kilos zu viel haben.

Oder ist es Ihre Ernsthaftigkeit, negative Gedanken oder Schüchternheit, die das Bild über Sie selbst und über andere verzerrt? Eine Reinigung Ihrer Gedanken gelingt Ihnen, indem Sie alle Dinge aufschreiben, die Sie als negativ empfinden. Bilden Sie Sätze mit diesen

Eigenschaften und drehen Sie das Negative ins Positive.

Kleine Sätze auf Spickzetteln lassen sich überall in Ihrem Umfeld sichtbar aufhängen, sodass sie Ihnen immer wieder vor Augen geführt werden.

Schlechte Gedanken lassen sich neu konditionieren, indem Sie die negativen Gedanken positiv formulieren und dieses so lange wiederholen, bis sich ein positives gutes Gefühl einstellt.

4. Ausdauer ist wichtig für die Entwicklung und Selbstfindung

Ein positives Selbstwertgefühl und die daraus entstehende Selbstliebe und Akzeptanz sind wichtige Faktoren, die Sie im Selbstfindungsprozess immer wieder neu formen, verändern und daran schleifen. Sie selbst sind ein Rohdiamant, aus dem nach und nach ein funkelnder, facettenreicher Edelstein wird.

Die Lebensprüfungen sind keine verschwendete Zeit, sondern die Pflastersteine, die den Weg ebnen und dabei helfen, verzwickte Situationen besser zu meistern.

5. Leidenschaft und Disziplin

Leidenschaft und Disziplin sind wichtige Eigenschaften im Prozess der Selbstfindung. Da der Weg vielfach sehr steinig ist, wird Disziplin Sie dazu bringen, auch in schwierigen Zeiten an Ihrem Ziel festzuhalten.

Sie engt nicht ein, sondern ist eine wichtige Säule, die als Stütze dient und Sie motiviert, weiter zu machen. Ihre Leidenschaft ist die Triebfeder. Ihre Spannkraft gibt Ihnen die Energie und Stärke, alle Aufgaben zu bewältigen und zu Ihnen selbst zu finden.

6. Achtsamkeit

Achtsamkeit ist der Indikator für mehr Mitgefühl und Akzeptanz, wodurch sich die Betrachtungsweise verändert. Setzen Sie sich täglich mit den positiven und negativen Dingen auseinander und schauen Sie auf die Gedanken, die in diesen Momenten vorrangig waren.

Schnell bekommen Sie durch dieses Resümee einen Einblick in die guten Dinge und die Dinge, die Sie verändern können.

Es werden aber auch Situationen und Gegebenheiten auftauchen, die außerhalb Ihrer Einflussnahme liegen.

Sie lassen sich mit Achtsamkeit herauskristallisieren und bewusst annehmen.

7. Vertrauen und Lebensfreude

Beides sind fundamentale Faktoren auf dem Weg zur Selbstfindung und Selbstverwirklichung. Die nötige Kraft, Ausdauer und Stärke wird nur bereitgestellt, wenn Sie Vertrauen zu sich selbst haben.

Jedes Erlebnis und jede Erfahrung hat einen tieferen Sinn und bietet den Anstoß etwas zu verändern. Lebensfreude ist wichtig, um schwierige Situationen mit Humor zu sehen und über sich selbst zu lachen.

Die Stolpersteine und Hürden wiegen nicht mehr so schwer und sind eine Herausforderung, die Sie positiv einzuschätzen lernen.
Sie trennen sich von einer negativen Denkweise und betrachten solche Dinge mit einem Augenzwinkern und Lächeln, weil Sie sich nicht mehr jeden Schuh anziehen, der Ihnen

hingestellt wird. Anders gesagt: Sie nehmen sich selbst nicht mehr so ernst!

8. Lieben Sie sich selbst und manifestieren Sie Ihr Wissen

Selbstliebe gehört zur Selbstfindung dazu! Damit ist nicht ein übertriebener Narzissmus gemeint. Vielmehr sollten Sie sich immer klar darüber sein, dass Sie selbst das Wichtigste sind! Lieben Sie sich selbst, mit all Ihren Fehlern und Schwächen.

Wer sich selbst liebt, so wie er ist, kann auch Liebe geben und bekommt all diese Dinge auch zurück.

Zeigen Sie sich selbst gegenüber verständnisvoll, geben Sie sich Geborgenheit, spüren Sie Ihre Liebe, verzeihen Sie sich gemachte Fehler und schaffen Sie ein Umfeld, indem Sie sich wohlfühlen.

Damit haben Sie das Fundament für mehr Selbstliebe und Selbstwertgefühl geschaffen.

Perfektionismus - eine positive Eigenschaft für die Selbstfindung?

Wer sich selbst finden möchte, sollte sich von einem überspannten Perfektionismus verabschieden. Denn der größte Fehler besteht darin, dass Sie keine Fehler machen wollen. Es gibt aber eine Differenzierung zwischen schlechter und guter Perfektion.

Schlechte Perfektion: Dahinter steckt vielfach der unerfüllte Wunsch nach Anerkennung und Beachtung, das Verlangen, alles besser kontrollieren zu können, um sich selbst zu schützen.

Persönlichkeiten, die ein solches Verhalten an den Tag legen, stellen sich als willensstarke Menschen dar. Sie verfügen über eine harte

Außenhaut und sind innerlich sehr sensibel. Die Motivation für ihr Tun und Handeln beruht auf einer Ausrichtung nach außen, die sich schnell zur Abwärtsspirale entwickelt, da keine Fehler gemacht werden wollen.

Das artet in Stress aus und ist letztendlich zum Scheitern verurteilt. Erfolgreiche Persönlichkeiten machen Fehler und zeichnen sich dadurch aus, dass sie diese nicht als schlimm ansehen und demzufolge daraus lernen.

Gute Perfektion: Sie ist, im Gegensatz zu der gerade beschriebenen Variante, eher auf die eigene Person bezogen, richtet sich nach innen und hat auch dort ihren Ursprung.

Solche Perfektionisten haben hohe Werte und Ansprüche an sich selbst und legen die Messlatte ein ganzes Stück höher als andere Menschen.

Ihnen ist dabei wichtig, sich weiterzuentwickeln, zu wachsen und dem Idealbild jeden Tag ein Stück näher zu kommen.

Im Prozess der Selbstfindung sind sie auf einem Weg mit Veränderungen. Diese entstammen den unterschiedlichsten Fragen, die sie sich bezüglich ihrer Person, ihren Wünschen, Visionen und ihrer Selbstverwirklichung stellen.

Mit Perfektionismus entsteht ein Anspruch, der nicht nur zum Kampf, sondern auch zu Frust führen kann. Um diesem zu entgehen, sollten Sie Ihr Perfektionsstreben einmal genauer unter die Lupe nehmen.

Wer zu akribisch und kleinkariert den Weg zur Selbstfindung beschreitet, setzt Erfolge und Leistungen mit persönlichen Werten gleich und ist letztendlich nur noch mit der

Selbstoptimierung beschäftigt. Daraus entsteht eine narzisstische Selbstverwirklichung. Ein weiterer Punkt, der Ihnen das Leben schwer macht, beruht auf dem Schwarz-Weiß-Denken.

Alle Grauschattierungen haben keinen Stellenwert, wodurch sich automatisch die Denkweise einstellt, dass jeder, der in das Schwarz-Weiß-Schema nicht hinein passt, ein Verlierer ist.

Menschliche Fehler mutieren dabei zu unüberwindbaren Hindernissen bei der Selbstfindung und Selbstverwirklichung. Weiterentwicklung und über sich hinauswachsen, sich selbst zu verwirklichen bedeutet auch Schwächen zu akzeptieren. Sie müssen sich selbst nichts beweisen.

Nehmen Sie Ihre Unvollkommenheit als Schönheit und Glück an. Mit der Einstellung höher, schneller, weiter begeben Sie sich nur in ein Hamsterrad von Einflüssen, die von außen an Sie herangetragen werden und Sie in eine Form pressen wollen, die Ihre Selbstfindung komplett beschneidet. Sie müssen sich durch übertriebenen Perfektionismus keinem anderen beweisen.

Es geht nur um Sie selbst, um Ihre Entwicklung und das Herausfinden, wer Sie sind und wie Ihre wahren Wünsche, Träume und Visionen aussehen.

Schwächen und Mängel erweitern sogar den Horizont. Das hat Christoph Kolumbus eindeutig bewiesen. Denn wäre ihm bei der Navigation nicht ein Fehler unterlaufen, hätte er Amerika niemals entdeckt. Erfolgreiche Wissenschaftler, Entdecker und Menschen haben eines gemeinsam.

Sie machen Fehler, improvisieren und experimentieren.

Oftmals wird Perfektionismus auch dafür genutzt, sich selbst Gewissenhaftigkeit vorzugaukeln.

Leider passiert es dabei viel zu oft, dass sich mit unwichtigen Dingen aufgehalten wird, anstatt sich mit den wichtigen Dingen zu beschäftigen, die Sie wirklich weiterbringen.

Eine spannende Strategie zur Selbstfindung ist anlegen, schießen, zielen! Besser gesagt: Im ersten Schritt starten Sie sofort durch, gehen danach direkt die Dinge an und justieren zum guten Schluss noch einmal nach!

Indem Sie sofort, ohne großes Überlegen und ausgefeilte Strategien an die Selbstfindung herangehen und gleich auf die Suche nach sich selbst gehen, haben Sie gute Chancen, schneller ans Ziel zu gelangen und Ihren Wunsch nach Selbstverwirklichung, mehr

Selbstvertrauen, Selbstliebe, Selbstwertgefühl, Glück,... usw. zu erreichen.

Gehen Sie ruhig diesen nicht perfekt geplanten Weg!

Warum Sie sich von Perfektionismus verabschieden sollten

Das Streben nach Perfektion bringt nur Probleme mit sich, ist anstrengend und frustrierend, weil Sie sich selbst unter Druck setzen und den eigenen Ansprüchen nicht gerecht werden.

Erreichte Ziele haben nicht den Stellenwert, der Ihnen eigentlich zusteht, obwohl damit wieder ein Schritt in Richtung Selbstfindung und Selbstverwirklichung gemacht wurde. Folgende Eigenschaften zeigen Ihnen, wie es um Ihren Perfektionismus bestellt ist:

1. Perfektionisten fühlen sich unfähig und faul

Sie sind wahre Arbeitstiere, kennen keine Pause und haben ein negatives Bild von Ihrer erbrachten Leistung. Ihre Wertschätzung sich selbst gegenüber liegt auf der Nulllinie. Häufig kommt dieses vor, wenn das gewünschte Ziel nicht im vorab festgelegten Zeitfenster erreicht wird.

Doch bei der Selbstfindung, dem Aufbau von Selbstvertrauen und der anschließenden Selbstverwirklichung gelten andere Maßstäbe, weil eine große Veränderung damit einhergeht und Sie sich aus dem fremdbestimmten Leben in eine selbstbestimmte Zukunft begeben.

Dieses ist nicht nach einem bestimmten Schema, von jetzt auf gleich und schon gar nicht mit einer Stoppuhr in der Hand möglich. Geben Sie sich die nötige Zeit, um Selbsterkenntnisse zu verarbeiten und neu zu konditionieren.

2. Perfektionisten ertragen keine Kritik und nehmen alles persönlich

Perfektionisten sind die größten Kritiker und hinterfragen alle Dinge bis ins Detail. Dadurch fällt es diesen Menschen sehr schwer, Kritik von anderen zu akzeptieren, weil damit eventuell ein Fehler aufgedeckt wird.

Eine andere Meinung sollte für Sie kein Angriff auf Ihre Persönlichkeit darstellen, sondern vielmehr ein Denkanstoß sein, der Sie wieder einen Schritt nach vorne bringt.

Versuchen Sie zukünftig nicht noch verbissener Ihre Selbstverwirklichung voranzutreiben, sondern lernen Sie abzuwägen, ob die anderen Meinungen als neue Erkenntnis im Prozess der Selbstfindung verwertbar sind.

Ein Abschied von der Perfektion macht es Ihnen leichter, sodass Sie unbeschwerter Ihre Persönlichkeit kennenlernen und an Ihrer Selbstverwirklichung arbeiten können.

Selbstannahme – eine Tugend sich selbst zu erkennen und wertzuschätzen

Im Selbstfindungsprozess ist Selbstannahme beziehungsweise Selbstakzeptanz sehr wichtig. Denn dabei handelt es sich um die Fähigkeit, sich mit allen Vorzügen und negativen Seiten zu erkennen, sich anzunehmen und wertzuschätzen. Sie lernen sich selbst zu lieben, so wie Sie sind. Sie sind sich selbst genug. Für den Begriff Selbstannahme gibt es die verschiedensten Synonyme und Begriffe, die Ihnen garantiert bekannt vorkommen:

- Selbstachtung
- Selbstwertgefühl
- Selbstliebe
- Selbstvertrauen
- Selbstbestätigung

Wenn Sie zu Selbstakzeptanz fähig sind, verfügen Sie über positive Stärken und Eigenschaften.

Sie haben Sinn für Humor, können Selbstkritik üben, besitzen mentale Stärke, sind geistig unabhängig, verfügen über einen realistischen Optimismus, Lebensfreude, Dankbarkeit und Zufriedenheit.

Diese Eigenschaften führen dazu, dass Sie gütiger mit sich selbst umgehen und sich mehr Freiheiten und Fehler zugestehen.

Während des Selbstfindungsprozess schaffen Sie mit Selbstannahme eine wichtige Voraussetzung für Veränderungen.

Menschen, denen es an Selbstakzeptanz fehlt, verfallen in Selbstzweifel und

Selbstverurteilung, die sogar in Selbsthass enden kann.
Es werden nur die schlechten Eigenschaften und Mängel gesehen. Sie führen zu einer Sucht nach Anerkennung und Bestätigung, die schlussendlich in purem Selbstschutz und chronischer Arroganz enden.

Es gibt eine feine Grenze zwischen Selbstliebe, Selbstannahme und Selbstverliebtheit. Letztere ist Ausdruck für Selbstsucht und Narzissmus. Selbstverliebte Menschen stellen sich auf einen hohen Sockel und halten sich für großartig und fehlerlos.

Wer in der Lage ist, sich selbst anzunehmen, kennt seine Schwächen, akzeptiert sie und arbeitet stetig weiter an sich selbst.

In der Selbstfindungsphase ergeben sich durch Selbstakzeptanz Veränderungen oder Verbesserungen der Persönlichkeit, weil Sie Ihr

Bild von sich selbst weiter zusammenfügen und zu einem Gesamtbild werden lassen.

Bei der Selbstannahme sind nicht die Fehler und Schwächen der Anstoß.

Daher heißt es nicht: „Erst, wenn ich besser bin, kann ich mich selbst und andere mich lieben und wertschätzen". Vielmehr sind sie der Auslöser dafür, die vorhandenen Potenziale zu nutzen. So wie Sie sind, sind Sie schon gut. Doch verbessern können Sie sich immer noch!

Mit Selbstakzeptanz zahlreiche Türen öffnen

Selbstakzeptanz hat in Verbindung mit Selbstfindung einen hohen Stellenwert, da sie der Schlüssel für Zufriedenheit, innerer Freiheit, Erfolg und Glück sind.

Sie hat große Wirkung in vielen Bereichen. Leider neigen Menschen dazu, sich auf Unzulänglichkeiten, Fehler und Rückschläge zu fokussieren und verlieren dabei den Blick für die bereits erreichten Erfolge.

Die Folgen von Selbstakzeptanz haben eine große Wirkung auf die Persönlichkeitsentwicklung und stellen sich folgendermaßen dar:

- **Sie erhalten mehr Selbstbewusstsein:** Durch Selbstakzeptanz entwickeln Sie mehr Sicherheit, sodass Sie in der Lage sind, selbstbewusster zu handeln und zu entscheiden.

- **Sie sind in der Lage, sich weiterzuentwickeln:** Auch wenn Sie genau wissen, wo Sie stehen und Ihren Status Quo kennen, müssen Sie nicht dabei bleiben. Diese Erkenntnisse können der Ausgangspunkt dafür sein, neue Dinge zu versuchen und sich weiterzuentwickeln.

- **Kritik verliert an Gewicht:** Gerade, wenn Kritik dem Selbstbild widerspricht, wirkt sie verletzend und schmälert das Selbstwertgefühl, weil ein wunder Punkt berührt wird. Wer sich aber selbst akzeptiert, weiß um seine Fehler und Schwächen. Kritik lässt sich konstruktiv annehmen und wird nicht als persönlicher Angriff gewertet.

- **Ehrlichkeit sich selbst gegenüber:** Eines der schwierigsten Dinge ist Ehrlichkeit zu sich selbst. Darum belügen sich Menschen selbst immer wieder, weil sie sich damit schützen wollen. Lügen werden auch dafür genutzt, um sich besser darzustellen. Unehrlichkeit kommt meist unbewusst zum Einsatz, um Fehler zu vertuschen. Wer sich selber annimmt, kann zu seinen eigenen Fehlern stehen.

- **Lebensfreude stellt sich ein:** Die gesamte Wahrnehmung wird durch Selbstakzeptanz beeinflusst. Sie sehen nicht nur viele Dinge mit anderen Augen, sondern verfügen auch über eine gewisse Selbstzufriedenheit. Das Leben verläuft unter dem Gesichtspunkt: „Ich bin, wie ich bin und Du bist, wie Du bist". Sie laufen keinem fremdbestimmten Bild von sich selbst hinterher. Das macht glücklicher und dankbarer, da Sie sich so angenommen haben, wie Sie sind.

- **Erwartungshaltung und Zufriedenheit:** Die Erwartungshaltung an sich selbst ist vielfach sehr hoch gesteckt und damit kaum erfüllbar. Dementsprechend ergibt sich eine große Unzufriedenheit, die sich auf die Persönlichkeit auswirkt, gerade wenn nicht alles so funktioniert, wie Sie sich das vorgestellt haben. Schrauben Sie Ihre Erwartungshaltung ruhig herunter. Damit relativieren Sie die Dinge und geben Ihnen den Stellenwert zurück, den diese eigentlich einnehmen.

Übungen, um Selbstannahme zu lernen

Selbstannahme ist bei der Selbstfindung sehr wichtig, gelingt aber den wenigsten direkt auf Anhieb, weil die eigenen Ansprüche und die von außen viel zu hoch sind, den eigenen Fehlern zu viel Gewicht gegeben wird oder die eigene Unzufriedenheit zu hoch ist. Im ersten Anschein mag dieses alles als Blockade oder Barriere gesehen werden.

Barrieren sind dazu da, dass Sie diese überwinden, indem Sie etwas Zeit investieren und Selbstannahme erlernen.

Ja, es funktioniert, mit einer guten Portion Ehrlichkeit und diesen nachfolgenden Übungen:

1. Machen Sie eine Bestandsaufnahme und begeben Sie sich an die Startlinie.

Um Selbstakzeptanz zu lernen, sollten Sie eine Bestandsaufnahme machen und sich Ihre Persönlichkeit einmal genauer anschauen.

Auch wenn Sie glauben, dass Sie sich selbst am besten kennen, ist auffällig, dass Fremdbild und Selbstbild vielfach weit auseinander liegen.

Am Anfang ist eine ehrliche Reflexion der Stärken und Schwächen sehr wichtig. Tiefe Einblicke geben Ihnen dabei Ihre Freunde und die Familie, die zu Ihrer Persönlichkeit sehr gut ein Feedback abgeben können.

Das Bild, welches sich aus dieser Bestandsaufnahme ergibt, ist einigermaßen objektiv. Vielleicht zeigt Ihnen dieses Bild sogar, dass Sie viel weniger Fehler und Schwächen haben.

2. Lob ist das Salz in der Suppe

Sie selbst sind immer Ihr schärfster Kritiker und gehen gnadenlos mit sich selbst ins Gericht. Doch was steckt dahinter, dass Sie so kritisch mit sich selbst sind? Es ist nicht die Angst davor überheblich zu erscheinen.

Sie haben schlichtweg nicht gelernt, dass Eigenlob nicht stinkt! Wenn Sie sich selbst loben, hat das nichts mit profilieren zu tun, sondern damit, sich selbst Zugeständnisse zu machen. Sie können das! Sie sind wer! Sie haben die Leistung erbracht und dürfen dafür die Lorbeeren ernten!

Selbstlob ist eine wichtige Grundlage für Selbstakzeptanz. Wer nicht selbst von sich überzeugt ist und sich nicht hin und wieder selbst lobt, muss sich nicht wundern, wenn er kein Lob von anderen bekommt.

3. Erforschen Sie „IHRE" Erwartungen

Verabschieden Sie sich von dem Gedanken, allen Erwartungen gerecht werden zu müssen. Dabei vergessen Sie schnell die eigenen Erwartungen, die Sie an sich und Ihr Leben stellen. Sie sind aber die wichtigsten von allen!

Werden Sie sich im Klaren darüber, welche Erwartungen Sie an sich selbst haben: Was erwarten Sie von Ihrem Leben? Wie sehen Ihre Ziele aus? Was wollen Sie erreichen? Was ist der Beweggrund dafür?

Für ein selbstbestimmtes Leben sind nur die eigenen Erwartungen wichtig, an denen Sie sich messen sollten.

Ein Spickzettel ist eine gute Erinnerung daran, dass Sie Ihre Ziele erreichen können. Das können Motivationssprüche sein oder auch Ziele, die Sie bereits erreicht haben.
Sie zeigen Ihnen, was Sie bereits geschafft haben und spornen Sie an, weiterzumachen.

Selbstreflexion – wichtiger Baustein im Prozess der Selbstfindung

Haben Sie heute schon einmal darüber nachgedacht, was Ihr größter Erfolg war? Sagen Sie jetzt nicht, dass heute nichts Weltbewegendes passiert ist. Erfolge gibt es immer und jeden Tag, auch wenn es nur kleine oder Teilerfolge sind.

Durch mangelnde Selbstreflexion werden Sie sich den vielen Erfolgen, die Sie tagtäglich haben, gar nicht mehr bewusst. Dabei ist das Reflektieren der Schlüssel zum Erfolg und von großer Bedeutung.

Es gibt genug Menschen, die jetzt den Einwand haben, dass mit täglichem Erfolg ein großer Druck aufgebaut wird.

Doch solche Gedanken spiegeln nur wider, dass diese nicht wissen, wobei es um Reflexion geht. Es ist nicht der Zwang, erfolgreich zu sein, sondern die kleinen Besonderheiten, die einem am Tag beschert werden, zu entdecken. Dazu gehören beispielsweise die dinge, die Sie heute erlebt haben.

Durch Selbstreflexion stellt sich eine positive Sichtweise auf das eigene Leben ein und ist der Auslöser für Erfolg, Zufriedenheit und Glück. Abends wird oftmals nur darüber nachgedacht, was Sie verärgert hat und was nicht gut gelaufen ist. Natürlich passieren diese Dinge auch. Doch worauf sollten Sie sich wirklich konzentrieren? Auf den Streit mit dem Kollegen oder auf die gut gelaufene Präsentation?

Zitat: „Man sollte vor allem in sich selbst investieren. Das ist die einzige Investition, die sich wirklich tausendfach auszahlt." Warren Buffet (Milliardär und Großinvestor)

Eine weitere Aussage hat der US-Soziologe Robert K. Merton 1968 formuliert. Seine Formel lautet: „success breeds success" und beschreibt das Prinzip der Rückkopplung.

Dabei bezog er sich bei seiner These darauf, dass prominente Autoren häufiger zitiert wurden als andere. Dieses wiederum hatte zur Folge, dass ihre Prominenz gesteigert wurde. Bekannt ist dieses Phänomen auch als „Matthäus-Effekt".

Genau dieses lässt sich auch im Alltag nutzen. Je öfter Sie sich selbst reflektieren und sich abends die Frage stellen, welchen Erfolg sie heute hatten, desto eher sehen Sie die positiven Dinge, die sonst von Negativem überschattet werden.

Sie haben allen Grund zu feiern und sich Ihrer Erfolge zu erfreuen, auch wenn Sie augenscheinlich noch so klein sind.

Dabei blenden Sie nicht einfach alle Pannen und Fehler aus. Sie gehören genauso zur Selbstreflexion, da Sie daraus eine Menge lernen können und tolle Impulse erhalten.

Selbstfindung und negative Gedanken

Durch Familie, Freunde, Umfeld und die Gesellschaft ergibt sich eine Konditionierung, die nicht nur das eigene Weltbild bestimmt, sondern auch großen Einfluss auf die Denkweise hat.

Diese Muster sind tief verwurzelt und stammen oftmals nicht von Ihnen selbst. Beim Beobachten von Menschen ist auffällig, dass falsche Meinungen und negative Gedanken mit 100-prozentiger Überzeugung vertreten werden. Ihnen fehlt der Weitblick, diese als eine der vielen Möglichkeiten zu sehen und sie stufen sie als unumstößliche Wahrheit ein.

Die große Gefahr besteht darin, dass andere Wahrheiten gar nicht zugelassen werden. Wer sich unreflektiert seiner einzigen Wahrheit hingibt, lebt an der Realität vorbei und wird nie Selbsterkenntnis erlangen, um sich selbst zu finden. Selbstfindung bedeutet, viele Dinge infrage zu stellen, auch die negativen Gedanken. Dabei steht Ursachenforschung an erster Stelle. Woher kommen die negativen Gedanken?

Diese Grundannahme kommt vielfach nicht von Ihnen selbst, sondern wurde ohne zu hinterfragen einfach übernommen. Sie entsprechen weder der Realität, noch geben sie wider, wie Sie sind und was Sie darstellen. Doch welchen Nutzen haben negative Gedanken bei der Selbstfindung?

Negative Gedanken verleiten dazu, in Selbstmitleid zu verfallen. Die Nutzen, die sich daraus ergeben, sind Trost und Beachtung, die es dafür gibt, wenn Sie sich schlecht fühlen.

Also verfallen Sie immer wieder in diese Schleife, um sich Ihre vermeintliche „Belohnung" abzuholen. Grundsätzlich sollten Sie sich bei negativen Gedanken, in welcher Form auch immer, Gedanken darüber machen, was dahinter steckt.

Das menschliche Gehirn ist darauf programmiert nachzudenken, zu lernen und Lösungen zu finden. Die eigentliche Intention ist immer positiv gestaltet, wird aber durch Einflüsse von außen manipuliert. Genauso gibt es nicht für alle Dinge eine Lösung, wodurch schwierige Entscheidungssituationen entstehen.

Viele Menschen haben auch Angst vor Entscheidungen, weshalb sie diese nach Möglichkeit vermeiden. Ob eine Entscheidung oder ein neu eingeschlagener Weg richtig oder falsch ist, zeigt sich meist erst, wenn der erste Schritt in die Richtung gemacht wurde.

Es gibt nicht einfach eine Fehlermeldung, die zur Vorsicht ermahnt.

Jede Entscheidung, die Sie während Ihrem Selbstfindungsprozess treffen, ist weder falsch noch richtig. Es zählt einzig und alleine wofür Sie sich entscheiden. Dabei erfahren Sie niemals, was passiert wäre, wenn Sie dem anderen Weg den Vorzug gegeben hätten.

Um sich selbst zu finden, suchen Sie nach Gründen, warum Sie so sind, wie Sie sind. Lernen Sie zu erkennen, dass es nicht nur Ihre, sondern viele andere Wahrheiten und Realitäten gibt. Die eigenen Gedanken sind nur Interpretationen und Betrachtungsweisen, wie die Realität aussehen könnte.

Öffnen Sie sich für die vielen Möglichkeiten, die Ihnen bei der Selbstfindung geboten werden und finden Sie Ihre neue, eigene Wahrheit heraus, die mit Ihren Wünschen, Träumen und

Visionen konform geht. Dafür müssen Sie Entscheidungen treffen.

Wieder wird über die Konsequenzen nachgedacht. Diese bieten Ihnen aber den positiven Effekt, dass Sie Ihr Selbstvertrauen und Ihr Selbstbewusstsein stärken.

Die innere Stärke, die sich dabei einstellt, verhilft Ihnen dazu, vielen Situationen mit Gelassenheit gegenüberzutreten.

Rückschläge haben nicht mehr so großes Gewicht und werfen Sie nicht mehr so schnell aus der Bahn.

Indem Sie andere Möglichkeiten in Betracht ziehen, ebnen Sie sich den Weg zu mehr Selbsterkenntnis und erhalten einen ganz neuen Blickwinkel Ihre Fähigkeiten, genauso wie auf Ihre Fehler und Schwächen.

Negative Denkweise lässt sich durch positive Sprache verändern. Hören Sie sich selbst einmal genau zu und achten Sie auf die gesagten Worte. Negative Dinge lassen sich durchaus auch in positiven Worten verpacken und verlieren dadurch an Kraft.

9 einfache Tipps, um sich selbst zu finden

Es gibt eine Vielzahl von Möglichkeiten, um herauszufinden, wer Sie sind und was Sie wirklich wollen. Sie bieten Ihnen die Chance, mehr Selbstvertrauen zu entwickeln, sich selbst zu verwirklichen und glücklich zu sein. Dafür müssen Sie nur herausfinden, was Sie im Leben glücklich macht und Ihnen ein erfüllendes Gefühl gibt.

Sie müssen dabei gar nicht viel Denken. „Machen" lautet die Devise! Denn nur wer handelt, schafft Veränderungen.

Die folgenden Tipps sind kleine Anregungen, die sich einfach umsetzen lassen und Ihnen bei der Selbstfindung behilflich sind. Fangen Sie einfach an!

1. Neue Literatur lesen!

Wenn Sie gerne lesen, sollten Sie sich ein neues Buch kaufen. Damit sind nicht die Neuerscheinungen gemeint, sondern vielmehr Bücher, die sich mit einem neuen Themengebiet beschäftigen.

Eine Alternative zu Romanen sind beispielsweise spannende Biografien von bekannten Persönlichkeiten, ein Buch über Kunst und Kultur, Erfolgs- und Lebensliteratur oder Bücher aus dem Esoterik-Bereich.

(Für mehr Bücher zum Thema Selbstvertrauen, Selbstliebe uvm., besuchen Sie sehr gerne meine Buch- und Autorenseite auf Amazon. Geben Sie dafür einfach Leoni Herzig in die Suchleiste ein.)

Sie sind nicht nur spannend, sondern haben auch eine horizonterweiternde, motivierende

Wirkung, sorgen dafür, dass Sie in eine neue Gedankenwelt eintauchen und daraus Erkenntnisse für sich selbst ziehen können. Neues Gedankengut ist der erste Schritt, um etwas zu verändern. Es gibt Ihnen die nötige Energie und Motivation.

2. Machen Sie etwas, was Sie bisher noch nie gemacht haben!

Es gibt eine Vielzahl von Dingen, wo Sie ganz besondere Erfahrungen sammeln können, die Sie bisher garantiert noch nicht gemacht haben. Wie sieht es mit einem Erfolgsseminar, einer Woche in einem Kloster, einem Kurs in Rhetorik oder einem Yoga Kurs aus?

Vielen, der angebotenen Möglichkeiten eilt ein schlechter Ruf voraus. Trotz alledem sind sie perfekt dafür geeignet, neue Erfahrungen zu sammeln und dem eigenen Verständnis neuen Input zu geben. Sie treffen dort auf Menschen, denen es vielleicht genauso geht wie Ihnen. Sie wollen auch herausfinden, wer sie eigentlich sind.

Auch wenn Ihr Verstand Ihnen sagt, dass es eine schwachsinnige Idee ist, kann ein solches Seminar das Leben verändern und neue Einblicke bereitstellen. Für die Selbstfindung sind solche neuen Wege ein guter Anfang.
Tipp: Christian Bischoff Motivationstipps

3. Vorbilder suchen, die Sie inspirieren

Mit Selbstfindung wollen Sie mehr über sich selbst erfahren und herausfinden, wer Sie sind und was Sie wollen. Sowohl in der Geschichte, wie auch in der Gegenwart gibt es genug Persönlichkeiten, die Selbstvertrauen, Selbstbewusstsein und Stärke haben. Sie haben im Leben etwas erreicht und sind damit ein gutes Vorbild!

Indem Sie sich mit Menschen umgeben, die bereits das erreicht haben, was Sie gerne erreichen würden, haben Sie Ihr Vorbild gefunden. Dieser Mensch kann gleichzeitig Ihr Mentor sein und Sie in vielerlei Hinsicht unterstützen. Suchen Sie mit solchen Menschen das Gespräch. Durch Neugier, Offenheit und den geistigen Austausch bekommen Sie tiefe Einblicke in sich selbst, die Ihnen auf dem Weg zur Selbstfindung helfen.

4. Neue Dinge ausprobieren

Haben Sie nicht auch einen geheimen Wunsch, den Sie sich bisher nicht erfüllt haben? Warum nicht? Wovor haben sie Angst? Ihre Angst vor Neuem ist unbegründet. Denn neue Wege eröffnen Ihnen viele, ungeahnte Möglichkeiten.

- Gehen Sie endlich zum Tango Kurs, den Sie schon so lange machen wollten!

- Machen Sie Urlaub als Backpacker und entdecken Sie die Ursprünglichkeit eines Landes
- Starten Sie endlich mit dem Meditationskurs oder dem Fitnesstraining

Indem Sie neue Dinge beginnen, stellen sich definitiv neue Gedanken ein. Sie lernen neue Menschen kennen und bekommen dadurch neue Sichtweisen auf sich selbst und das Leben. Alle Dinge, die Sie ausprobieren, erweitern Ihren Horizont. Sie lernen sich besser kennen und finden heraus, was Ihnen Freude bereitet.

5. Grenzen Sie sich ab und hören Sie auf Ihre innere Stimme

Alle Antworten auf Ihre Fragen finden Sie in sich selbst.

Sie müssen lediglich auf die Antworten aus Ihrem Inneren hören und Ihre Gefühle wahrnehmen. Mit etwas Übung gelingt es Ihnen, ganz bewusst in sich hinein zu fühlen und zu hören. Dabei zeigt sich sehr schnell, was andere wollen und was Ihre persönlichen Wünsche sind. Gleichzeitig können Sie klare Grenzen ziehen.

Um dieses umzusetzen sind Meditation, autogenes Training und Dinge wie Massagen sehr hilfreich, wo Sie sich fallen lassen können, den Kopf ausschalten und nur Ihre Empfindungen wahrnehmen.

6. Immer in Bewegung bleiben

Wer keine klare Vorstellung davon hat, was er erreichen möchte, wird niemals sein Ziel erreichen. Das gilt bei der Selbstfindung, genauso wie in vielen anderen Bereichen. Ziele halten Sie in Bewegung.

Klar gibt es Rückschläge und falsche Entscheidungen. Sie sind der Motivator, um wieder neu anzufangen und überlegter zu handeln.

Es ist nicht unbedingt nötig, dass Sie sich bewusst Ziele setzen. Vielfach ergibt sich der nächste Schritt ganz automatisch, wenn Sie den ersten gegangen sind. Behalten Sie immer im Auge, worum es Ihnen geht.

Damit geben Sie die Grundrichtung vor und lassen sich nicht einfach nur treiben. Selbstfindung steht in enger Verbindung zu Selbsterkenntnis, Annahme und dem Wunsch nach Veränderung.

Bringen Sie Bewegung in Ihr Leben, versuchen Sie aber nichts übers Knie zu brechen. Entwicklung braucht Zeit, die Sie sich bei der Selbstfindung unbedingt geben sollten.

7. Loslassen lernen!

Immer wieder geraten Dinge außer Kontrolle und entwickeln eine ungeahnte Eigendynamik. Seien Sie sich einfach bewusst, dass Sie nicht alles kontrollieren können, weil viel zu viele Eventualitäten Einfluss darauf haben.

Verschwenden Sie nicht Ihre kostbare Zeit, sondern lassen Sie los, leben Sie bewusst und seien Sie neugierig. Stellen Sie sich den Herausforderungen und finden Sie heraus, was Sie wollen und wohin Sie Ihr Weg führen soll. Erwartungen haben dabei nichts zu suchen und sollten das hier und jetzt nicht beeinflussen.

Schwierigkeiten bei der Selbstfindung überwinden

Stolperfallen gibt es natürlich auch bei der Selbstfindung. Sie werden garantiert an den Punkt kommen, wo Sie sich im Kreis drehen und nicht mehr weiter wissen. Finden Sie beispielsweise nichts, was Ihnen Freude bereitet, kann dieses tief in Ihrer Einstellung verwurzelt sein.

Vielleicht verbieten Sie sich unbewusst Freude haben zu dürfen. Eine solche unbewusste Denkweise ist vielfach in der Kindheit verwurzelt. Es ist eine trotzige Reaktion, die sich auf Ihr Leben, Ihr Umfeld oder Ihre Eltern beziehen kann.

Versuchen Sie den Grund herauszufinden. Wenn Ihnen das schwerfällt, sollten Sie sich nicht scheuen, professionelle Hilfe in Anspruch zu nehmen. Menschen, die an nichts Freude haben, schaden sich selbst und werden niemals eine positive Einstellung erlangen.

Falls Sie bisher noch nichts gefunden haben, was Ihnen wirklich Spaß macht, sollten Sie nicht gleich die Flinte ins Korn werfen, sondern weiter am Ball bleiben. Probieren Sie alles aus, was sich Ihnen bietet. So werden sich garantiert neue Wege für Sie auftun.

Tauchen Sie in Ihre Gefühlswelt ein und spüren Sie Ihren Körper. Das gelingt Ihnen, indem Sie Ihre Gedanken loslassen. Sie kennen die Situationen, dass Sie Ihrer Gedanken komplett vereinnahmen und keine Lösungswege gefunden werden.

Das ist logisch! Denn die Antworten befinden sich nicht in Ihrem Kopf, sondern ergeben sich aus Handlungen, dem Ausprobieren und den Empfindungen, die sich dabei einstellen.

Bringen Sie Ihre Wünsche, Bedürfnisse sowie Ihre Gefühle in Einklang!

Wenn Sie nicht wissen, was Sie wollen, sollten Sie neue Dinge ausprobieren und Ihre Zielsetzung noch einmal überdenken.

Machen Sie ruhig verrückte Sachen. Gerade diese geben Ihnen das Gefühl, dass Leben in Ihnen steckt. Sie denken jetzt sicherlich: „Schon wieder alles umkrempeln und wieder von vorne anfangen!" Es ist kein Neuanfang des Selbstfindungsprozesses, sondern nur ein Neustart, wo Sie die bereits erlangten Erkenntnisse über sich selbst nutzen.

Selbstfindung - ein lebenslanger Entwicklungsprozess

Auch wenn die Psychologie die Selbstfindung als Lernprozess im Zeitraum zwischen dem Übergang von der Jugend zum Erwachsenendasein ansieht, hört damit der Selbstfindungsprozess noch lange nicht auf.

In dieser Übergangszeit wird ihr eine große Bedeutung im Bezug auf die Orientierung bei schwierigen Entscheidungen beigemessen und gehört eng zur Persönlichkeitsentwicklung dazu.

Der Zusammenhang zwischen Gesellschaft und Einzelpersönlichkeit ist untrennbar miteinander verbunden, da es keine isolierte Entwicklung und Erkenntnisse gibt.

Bei der Selbstfindung geht es vielmehr darum, bei sich selbst im sozialen Umfeld anzukommen.

Der Prozess der Entwicklung ist aber nicht mit dem Eintritt ins Erwachsenenalter abgeschlossen. Über das gesamte Leben hinweg ist die Persönlichkeit immer noch weiter ausbaufähig.

Die verinnerlichten Einflüsse von außen werden Infrage gestellt. Neben Familie, Freundeskreis, Arbeit und Gesellschaft, spielen auch genetische Prägungen eine Rolle. Dazu gehören Talente, Fähigkeiten und Sensibilität, gerade wenn es um eine neue Orientierung oder das Verändern des Lebensweges und um neue Ziele geht.

Sie schauen praktisch in einen Spiegel. Das Spiegelbild zeigt Ihnen wie Sie sich und wie andere Sie sehen.

Findet ein Mensch einen festen Platz im Leben, hat er für gewöhnlich ein gutes Selbstbewusstsein. Er erfährt Bestätigung, Erfolg und Anerkennung, nicht nur im Beruf, sondern auch privat.

Der Mensch ist immer in Bewegung, wenn es um Selbstfindung geht. Es gibt keinen Stillstand, weil immer wieder eine neue Orientierung stattfindet. Es wird stetig daran gearbeitet, das soziale Umfeld und die eigene Persönlichkeit in Einklang zu bringen.

Dabei wird kritisch begutachtet. Nicht nur die eigenen Bedürfnisse, sondern auch die der anderen werden dabei in Augenschein genommen. Eine wichtige Ausrüstung dafür ist ein gesundes Selbstbewusstsein.

Zum Rüstzeug gehört zudem Selbstvertrauen und Selbstliebe.

Die daraus resultierende Persönlichkeit bietet damit alles, um wahrgenommen und akzeptiert zu werden. Durch Selbstvertrauen haben Sie das beste Fundament, um sich selbst nicht mehr so ernst zu nehmen und über sich selbst zu lachen.

Geben Sie mit Selbstfindung Ihren Bedürfnissen den nötigen Raum, um sich entfalten zu können und kommen Sie zur Ruhe. Gerade in dieser Phase werden oftmals neue Zielsetzungen gefunden, die Ihre Lebensweise positiv verändern. Sie erlangen eine positive Sicht auf sich selbst, die auch von Ihrem Umfeld wahrgenommen wird.

Stellen Sie sich die Frage, was Sie wirklich wollen. Diese Frage wird Sie Ihr ganzes Leben begleiten, damit Sie Ihren Platz finden. Sie besinnen sich dabei immer wieder auf die Selbstfindung, auch wenn Veränderungen und Schwierigkeiten gerade im Wege stehen.

Wichtig ist Achtsamkeit und das Besinnen auf sich selbst. Gehen Sie mit Gelassenheit an neue Aufgaben und Anforderungen heran. Es gibt eine enge Verbindung zwischen Selbstbewusstsein und Achtsamkeit, die sich positiv auf die Selbstfindung auswirkt.

Verabschieden Sie sich von dem Gedanken, dass Selbstfindung etwas mit andauerndem Profilieren gemeinsam hat. Sie finden Ihren Platz nur, wenn Sie den Mitmenschen im Berufsleben und Privat mit Akzeptanz und Rücksicht begegnen. Entwickeln Sie Selbstbewusstsein und nicht rücksichtslosen Egoismus.

Selbstbewusstsein ist der Schlüssel zur Toleranz, die Sie anderen und sich selbst gegenüber walten lassen. Hören Sie auf, ständig über sich selbst nachzudenken. Nutzen Sie die Zeit lieber für Gedanken über Ihren eigenen Lebensweg.

Selbstfindung ist ein Bestandteil der Persönlichkeitsentwicklung und öffnet Ihnen viele weitere Türen.

"Lassen Sie die Chancen nicht an Ihnen vorbeiziehen, sondern schauen Sie genauer hin. Es werden sich Erkenntnisse ergeben, die Sie bis jetzt noch nicht erkannt haben. Es ist nie zu spät, um mit Selbstfindung auf eine spannende Reise zu gehen und Ihr wahres Ich zu finden."

Leoni Herzig

Quellenangabe:

https://www.ursachewirkung.at/leben/1437-worauf-es-im-leben-ankommt

https://karrierebibel.de/selbstmotivation/

https://karrierebibel.de/mentale-staerke/

https://karrierebibel.de/persoenlichkeitsentwicklung/

https://karrierebibel.de/lebensbalance-modell/

https://karrierebibel.de/selbstbewusstsein-selbstvertrauen/

https://karrierebibel.de/selbstwertgefuehl/

https://karrierebibel.de/selbstverwirklichung/

https://karrierebibel.de/selbstfindung/

https://karrierebibel.de/perfektionismus/#Gute-Perfektion-schlechte-Perfektion

https://karrierebibel.de/selbstreflexion/

https://www.stephanwiessler.de/selbstfindung-was-will-ich-denn-jetzt-wirklich-und-wer-bin-ich-ueberhaupt/

http://www.stephanwiessler.de/negative-gedanken/

http://www.stephanwiessler.de/was-macht-gluecklich/

http://www.viversum.de/online-magazin/selbstfindung

Haftungsausschluss und Impressum

Der Inhalt dieses Buches wurde mit sehr großer Sorgfalt erstellt und geprüft.
Für die Richtigkeit, Vollständigkeit und Aktualität des geschriebenen kann jedoch keine Garantie gewährleistet werden.

Sowie auch nicht für Erfolg oder Misserfolg bei der Anwendung des gelesenen.
Der Inhalt des Buches spiegelt die persönliche Meinung und Erfahrung des Autors wider.
Der Inhalt sollte so ausgelegt werden, dass er dem Unterhaltungszweck dient.
Er sollte nicht mit medizinischer Hilfe verwechselt werden.

Juristische Verantwortung oder Haftung für kontraproduktive Ausführung oder falsches Interpretieren von Text und Inhalt wird nicht übernommen.

Impressum

Autor: Leoni Herzig

Vertreten durch:

Markus Kober

Kreuzerwasenstraße 1

71088 Holzgerlingen

markus.kkober@gmail.com

30540405R00070

Printed in Poland
by Amazon Fulfillment
Poland Sp. z o.o., Wrocław